CUENTO
DE LUZ

Esta colección de libros infantiles, inspirados en historias reales, nace del corazón y de la unión de la Fundación Lo Que de Verdad Importa y la editorial Cuento de Luz.

Compartimos sueños, ilusión y la misma filosofía de difusión de valores universales.

Esperamos que familias, escuelas, bibliotecas, librerías, grandes y pequeños de muchos rincones del mundo disfruten, se inspiren y se emocionen con su lectura y descubran, si aún no lo saben, lo que de verdad importa.

María Franco
Lo Que de Verdad Importa
www.loquedeverdadimporta.org

Ana Eulate
Cuento de Luz
www.cuentodeluz.com

Emmanuel Kelly: ¡Sueña a lo grande!
© 2018 del texto: María del Carmen Sánchez Pérez
© 2018 de las ilustraciones: Zuzanna Celej
© 2018 Cuento de Luz SL
Calle Claveles, 10 | Urb. Monteclaro | Pozuelo de Alarcón | 28223 | Madrid | Spain
www.cuentodeluz.com
Colección: Lo Que de Verdad Importa
ISBN: 978-84-16733-39-2
Impreso en PRC por Shanghai Chenxi Printing Co., Ltd. agosto 2018, tirada número 1649-8
Reservados todos los derechos

EMMANUEL KELLY

¡Sueña a lo grande!

Mamen Sánchez
and
Zuzanna Celej

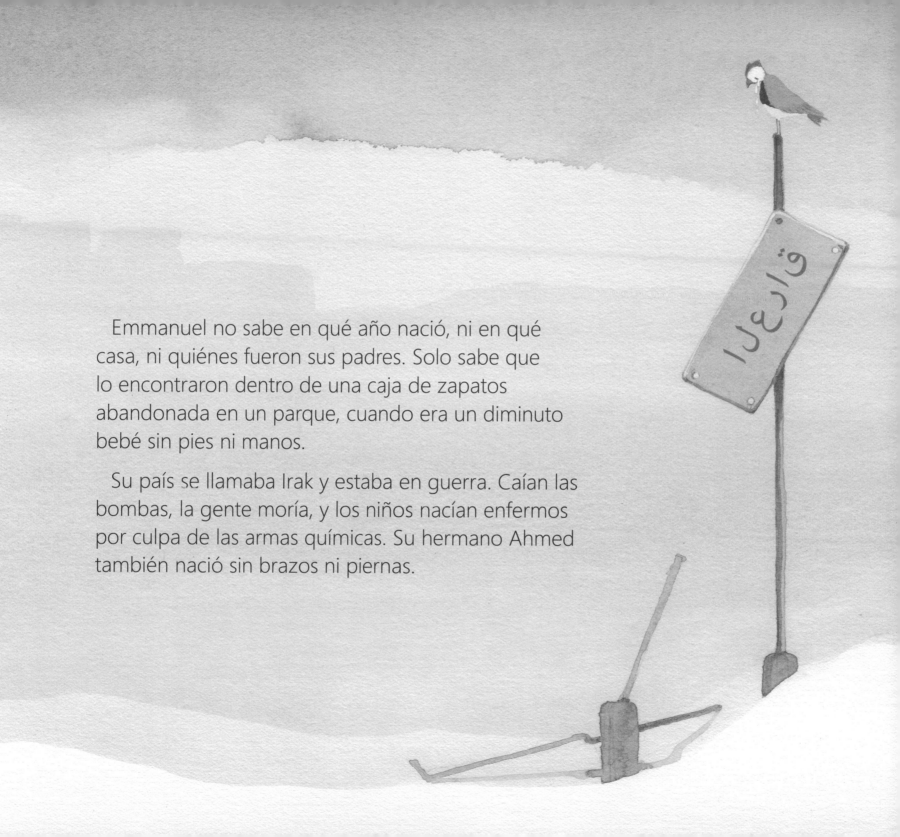

Emmanuel no sabe en qué año nació, ni en qué
casa, ni quiénes fueron sus padres. Solo sabe que
lo encontraron dentro de una caja de zapatos
abandonada en un parque, cuando era un diminuto
bebé sin pies ni manos.

Su país se llamaba Irak y estaba en guerra. Caían las
bombas, la gente moría, y los niños nacían enfermos
por culpa de las armas químicas. Su hermano Ahmed
también nació sin brazos ni piernas.

Era un día gris. El sol había amanecido cubierto por una nube de polvo y arena. Dos misioneras de la caridad que recorrían la ciudad creyeron oír, a lo lejos, el llanto de un recién nacido.

Junto a un arbusto descubrieron una cajita de cartón. En su interior, un diminuto bebé lloraba de hambre. Era un ángel con las alas rotas: no tenía manos ni pies. Le pusieron de nombre Emmanuel, que significa "Dios con nosotros". Lo envolvieron en una manta y lo llevaron a toda prisa a su casa.

Unos días antes, habían encontrado otro bebé muy parecido y lo habían llamado Ahmed.

Desde ese día los niños fueron hermanos. Crecieron juntos en el hogar donde las misioneras cuidaban de muchas personas con discapacidad. Emmanuel y Ahmed, dos chiquillos que a duras penas lograban ponerse en pie, ayudaban en las tareas de la casa.

Daban de comer a los pequeños, les cambiaban los pañales y les abrazaban por las noches, cuando se asustaban con el ruido de las bombas. Al fin y al cabo, entre todos aquellos bebés, ellos dos eran los más fuertes.

Un día, mientras jugaban en la arena, apareció un hada y les sonrió. Era una mujer rubia, guapa, con unos ojos muy azules y una sonrisa muy bonita. Les contó que se llamaba Moira y que venía de Australia. «Allí hay médicos que pueden curar vuestros piececitos —les aseguró—. Será como magia: podréis poneros en pie y caminar».

Ahmed abrió los ojos como platos. ¡Claro que quería irse a Australia con Moira!, pero amaba tanto a Emmanuel que lo primero que se le vino a la cabeza fue la felicidad de su hermano.

«Si no puedes ayudarnos a los dos, llévate primero a Emmanuel —le propuso a Moira—; yo me quedaré aquí y esperaré a que vuelvas a buscarme».

Al escuchar las palabras de Ahmed, Moira supo que había encontrado a sus hijos. Se convirtió en su madre en aquel momento y para siempre.

Después de unos días difíciles en los que la nueva mamá luchó con todas sus fuerzas para conseguir salvar a los niños de esa guerra tan peligrosa, por fin pudieron subirse los tres a un avión rumbo a Australia.

Cuando atravesaron las nubes y contemplaron el mundo a sus pies, gritaron con toda la fuerza de sus pequeños pulmones:

¡Qué bonito es lo que se ve ahí abajo!

En el aeropuerto les estaba esperando su nueva familia. Eran muchísimos: tíos, primos, amigos… que habían venido a recibirlos para llevarles a su nuevo hogar.

En cuanto Emmanuel y Ahmed vieron la hierba verde, se lanzaron como dos corderillos a brincar y a revolcarse por la colina. Y les contagiaron la alegría a todos los demás. A veces, no nos damos cuenta de lo bonito que es el suelo que pisamos, hasta que alguien nos lo recuerda.

En el hospital, a Emmanuel le operaron dos veces. Después de unos meses, pudo levantarse y caminar, agarrar las cosas y valerse por sí mismo.

Emmanuel deseaba ir al colegio. Quería aprender a leer y a escribir. Ahmed, muy valiente, jugaba al fútbol con sus dos piernas ortopédicas. Se moría de risa cuando chutaba el balón y una de sus piernas salía volando por los aires.

Los años pasaron. Emmanuel y Ahmed se convirtieron en dos guapos australianos. Para el asombro de todos, Ahmed decidió que quería ser nadador profesional. Durante horas interminables, entrenó en el mar y en la piscina hasta que consiguió aprender a nadar como un delfín. Cuando se celebraron los juegos paraolímpicos de Londres se presentó por Australia.

«Lo importante es creer en uno mismo —declaró ante las cámaras—. Nunca hay que darse por vencido. No hay que tener miedo al fracaso. Si algo te apasiona, debes luchar por ello».

Animado por la valentía de su hermano, Emmanuel tomó una decisión: quería ser cantante. La música era su pasión y para alcanzar su meta, ensayó sin descanso durante meses.

«En la vida hay un camino para cada uno —pensó—. Y está en nuestras manos recorrerlo o no. Habrá que esforzarse y trabajar. No tener miedo. Seguir adelante a pesar de las dificultades».

Cuando por fin estuvo listo, se presentó a un concurso de la televisión llamado Factor X y cantó una canción que le salió directamente del corazón. Tras su actuación, se levantó un aplauso gigante. Había conseguido contagiar a todos su entusiasmo.

—¿Qué te gustaría hacer en la vida? —le preguntó el presentador del programa.

—Quisiera servir de inspiración a los demás —respondió Emmanuel—; que, cuando la gente me vea, piense: si él puede, ¿por qué no voy a poder yo?

—¿Qué consejo le darías a un chico que quiera triunfar en la vida?

—¡Sueña a lo grande! —gritó Emmanuel—.

¡Sueña a lo grande!

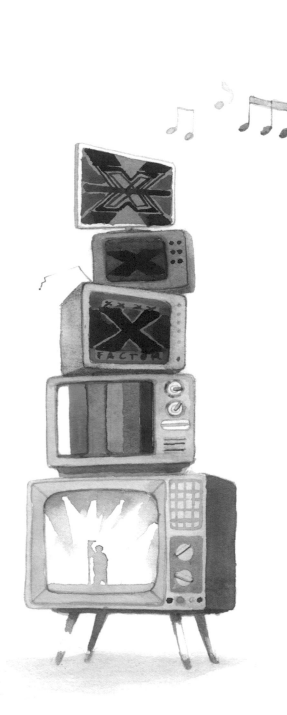

Las palabras de Emmanuel llegaron a todos los rincones del planeta. Hubo niños que se levantaron del sofá y, desde ese momento, empezaron a luchar para hacer realidad sus sueños.

Piénsalo: no hay obstáculo ni dificultad que sea imposible de superar. Si alguna vez estás a punto de darte por vencido, recuerda que un bebé sin pies ni manos, al que abandonaron en una ciudad destruida por la guerra, consiguió cumplir su sueño.

Si él pudo, ¿cómo no vas a lograrlo tú?